Primeramente, al Universo, por transmitir a través de un sueño la inspiración para este lindo cuento.

Gracias a Carlos García, por su sensibilidad artística, a Luis Sebastiao, por su paciencia y orientación gramatical de la lengua portuguesa, a Ana Flavia Basso, por leerlo y por su "luz" en los cuentos de hadas.

Gracias a mi Gran Familia, por vivenciar este cuento junto a mí y, en especial..., ¡gratitud eterna, mamá!

Ha llegado el viento,
se fue el sol,
llegó la lluvia y el sol volvió,
y la tierra, nutrida, se quedó.

El aire fresco anuncia suavemente la visita de la lluvia, es señal de que el invierno se va
y las nubes, poco a poco, abren el cielo.
Juntos, muy cerca, la Madre Tierra y todos los seres que en ella habitan,
desde el animal más pequeño hasta el más grande,
la reciben con gran alegría.

Se fue la lluvia,
el sol salió,
su calor carmín
acaricia toda la naturaleza
en un equilibrio de sinfonías sin fin.

Delante del gran ventanal de la cocina hay un patio trasero
con muchos árboles:
un árbol de caqui alto,
una chismosa, una pitangueira, un naranjo y,
al fondo, con sus grandes hojas frondosas, un plátano.
En un rincón del jardín, cerca del muro que guarda la casa del vecino, hay
un árbol joven, de apenas siete lunas crecientes.
El árbol joven, a cada sol y a cada luna, gana fuerza. Sus raíces cada vez
se hunden más en la tierra, su tronco se vuelve más recto y firme, y sus
ramas, con sus hojas, ganan cada vez más forma.

El sol se durmió,
la luna se despertó.
La luna se durmió
y el sol se despertó...

Y así, los días y las noches transcurren en el patio trasero de la señora de cabello blanco como el algodón y ojos azules como el cielo.
Una mañana, cuando la luz se volvió clara y brillante, el joven árbol, al despertar, escuchó cantar al benteveo:

Por todos los lados vuela.
Su plumaje es puro encanto,
sus colores: amarillo, blanco y negro.
Alegrando el día con música y canto.

Con la atención de la Madre Tierra y la fuerza de las lunas crecientes, se sabe que cada planta, flor o fruto aparecerá con todo su esplendor y como era de esperarse, toda la naturaleza se ha preparado para recibir al astro rey, se viste con sus mejores trajes, de diferentes estampados y colores.

El joven árbol de siete lunas crecientes se asombró al ver un árbol a lo lejos, luciendo viejo y cansado, solo y sin hojas, completamente desnudo, y pensó: "Este árbol debe tener muchas lunas, por eso se ve así...".

Con cada sol y cada luna, el pequeño árbol de siete lunas crecientes le observaba y vio que nada cambiaba en él.

Cansada de ver que no pasaba nada, decidió esperar la visita del Señor
Viento, un viejo amigo desde hace mucho tiempo,
para saber algo sobre este triste y viejo árbol.
La primavera, poco a poco, va surgiendo en los campos y rincones con sus
primeras margaritas amarillas, en otros lugares,
las flores de buganvillas se asoman.

En algunos momentos aparece el Señor Viento, a veces de madrugada, a veces por la tarde, moviendo con su brisa toda la naturaleza.

El viento sopla,
sopla rápido o lentamente,
sopla dando suspiros de alegría,
jugando entre las hojas, las hace bailar,
y del alto del Rosario,
al gallo se lo hace escuchar.

Pasaron muchas lunas y muchos soles y el misterio seguía en el aire…
¿Quién era este árbol solitario?
Los árboles que podían verla suspiraban unos a otros.
—¿Quién es ella?
Cada árbol ya tenía su propio traje.

El naranjo, lleno de flores blancas,
el árbol del caqui, cubierto de hojas verdes que albergan en su interior la
perla del caqui;
la mimosa, vestida de flores amarillas;
la pitangueira, vestida con su traje de seda naranja,
y el árbol joven, con sus ramas llenas y el tronco cubierto de
flores blancas que huelen a jazmín.

La luna se durmió,
el sol se despertó.
La luna se durmió
y el sol se despertó...

Una mañana, el joven árbol estaba estirando sus ramas para recibir las primeras caricias del sol cuando, de repente, sintió algo diferente.
Sintió que sus flores ya no eran flores…, sino más bien… jabuticabas.

Redondo y negro,
dulce como la miel,
"ploc ploc" hace al morder,
¡dejando su sabor por toda tu boquita!

Mirando hacia donde sus ojos ya no alcanzaban,
vio a lo lejos un hermoso y exuberante árbol
cubierto por un majestuoso manto dorado.
El Señor Viento soplaba suavemente sus flores, haciéndolas caer al suelo,
formando una alfombra de color amarillo dorado.
Todos los árboles admiraron su belleza.

El Señor Viento soplaba, suavemente por el aire, el nombre de este árbol...
"ipe amarillo..., ipe amarillo".

"Estoy entre el cielo y la tierra", decía el ipe amarillo.

El pequeño árbol con siete lunas crecientes finalmente aprendió su nombre y entendió que algunos árboles dejan caer lo viejo para luego, con todas sus fuerzas, renacer y mostrar su belleza.

Fue entonces cuando la pequeña jabuticabeira comprendió que la apariencia no importa, que cada uno tiene su propia luz.

Así pasan los días, el Benteveo cantando, el Señor Viento con sus murmurios, el sol con sus reflejos dorados y la luna con su brillo plateado, llenando de vida a la señora de cabellos blancos como el algodón y ojos azules como el cielo.

Chegou o vento,
Se foi o sol,
Chegou à chuva e o sol voltou,
E a terra nutrida ficou.

Quando chega a época da lua das árvores crescentes, é sinal que o inverno já se prepara para ir e as nuvens, pouco a pouco vão abrindo o céu.
Um ar fresco, suavemente vai anunciando a visita da chuva.
Juntos, bem juntinhos, a Mae terra e todos os seres que vivem nela, desde o mais pequeno bichinho até o mais grande, a recebem com muita alegria.

E, se foi a chuva
E o sol apareceu,
Com o seu calor cor carmim
acaricia toda a natureza,
No balanço de sinfonias sem fim.
Em frente a grande janela da cozinha, tem um quintal com muitas árvores:
Um alto caquizeiro,
Uma mexeriqueira, uma pitangueira,
Uma laranjeira e,
lá no fundo, com suas folhas grandes frondosas, uma bananeira.

Em um canto do jardim, perto do muro que guarda a casa do vizinho, há uma arvorezinha jovenzinha, de apenas sete luas crescentes.

A árvore jovenzinha a cada sol e cada lua ganha força. Suas raízes cada vez mais se adentram na profundidade da terra, seu tronco fica cada vez mais reto e firme e seus galhos e folhas, ganhavam cada vez mais forma.

O sol dormia,
A lua acordava,
A lua dormia,
E o sol acordava....

e assim se passam os dias e as noites no quintal da senhora de cabelos brancos como algodão e olhos azuis como o céu.

Em uma manhã, quando a luz se fez clara e brilhante, a arvorezinha jovenzinha, ao despertar, escutou o bem-te-vi cantar:

O bem te vi por todos os lados voa,
descansa no chão,
No galho ou no telhado,
Sempre cantando a sua canção.
Sua plumagem é de puro encanto,
suas cores, amarelo, negro e branco.
Alegrando o dia com música e canto.
Canta com o sol,
Canta com a chuva,
Sentado no fio ou no varal,
O dia inteiro canta.

Com a dedicação da mãe Terra e a força das luas crescentes, é de se saber que cada planta, flor ou fruto surgirá com todo seu esplendor e como era de se esperar, toda a natureza se prepara para saludar o astro rei, com afã de costurar seus melhores trajes de diferentes estampas, cores e aromas.

A árvore jovenzinha de sete luas crescentes, estava assombrada por ver ao longe uma árvore, com aparência de velha e cansada, sozinha e sem nenhuma folha, completamente nua e pensou: esta árvore deve ter muitas luas, por isso está assim...

A cada sol e cada lua, a pequena árvore de sete luas crescentes a observava e via que nada mudava nela.

Cansada de ver que nada acontecia, então, decidiu esperar a visita do senhor Ventinho, um velho amigo de muitos tempos para saber alguma coisa sobre esta árvore com aparência triste e velha.

A primavera devagarzinho ia se assomando despertando, surgindo entre campos e rincões, as primeiras margaridas amarelas, em outros lugares as margaridas brancas, e a menudo o Sr. Ventinho aparecia, algumas vezes de manhazinha, outras de tardezinha, dando sempre o seu ar da graça e quando estava inspirado, podia ficar o dia inteiro brincando pelos aires.

O vento sopra,
Sopra depressa ou devagarzinho,
Sopra dando suspiros de alegria,
Brincando entre as folhas, fazendo-as dançar.
E do alto do Rosario,
O galo se faz escutar.

Passaram-se muitas luas e muitos soles, e o mistério ainda pairava no ar... quem era esta árvore solitária? As árvores que podiam avista-la se suspiravam uma à outra, quem é ela?

Cada árvore já tinha o seu traje quase terminado.

A laranjeira, repleta de flores brancas perfumadas,

o caquizeiro, com sua copa de folhas verdes, resguardando no seu interior a perla do caqui;

a mexeriqueira, vestida de flores amarelas;

a pitangueira, toda delicada com seu vestido de seda alaranjada,

e a árvore jovenzinha, com seus galhos e tronco cobertos de flores brancas com cheiro a jasmim.

A lua dormia,

O sol acordava,

A lua dormia,

E o sol acordava....

Em uma manhã a árvore jovenzinha estirava seus galhos para receber as primeiras

caricias do sol matutino, quando de repente sentiu algo diferente.

Sentiu que suas flores já não eram flores.... e sim.... jabuticabas.

Redondinha e pretinha,

Doce como mel,

Ploc ploc faz ao morder,

Deixando seu sabor por toda sua boquinha!

Olhando por onde sua vista já não alcançava, viu ao longe, uma linda e exuberante árvore.

Coberta por um majestoso manto dourado.

O sr. Ventinho, soprava suavemente suas flores fazendo-as cair no chão formando assim um lindo tapete amarelo-ouro.

Todas as árvores admiravam sua beleza.

O sr. Ventinho, soprava suavemente pelos aires o anunciando o nome dessa belezura.

Ipê amarelo,

Está entre o céu e a terra,

A pequena árvore de sete luas crescentes por fim soube o nome dela e compreendeu que algumas árvores deixam cair o que está velho para depois com todas
suas forças renascer e mostrar sua beleza.

Foi quando a pequena jabuticabeira compreendeu que não importa a aparência, que
cada um tem a sua luz e que nunca se perde com o tempo!

Assim se passam os dias na casa da senhora de cabelos brancos como algodão
e olhos azuis como o céu.

© Claudia de Moura Novaes (de la obra)
©Apuleyo Ediciones (de esta edición)
Primera edición en Apuleyo Ediciones: Mayo 2024
Diseño de cubierta: Sofía Corzo González
Corrección: Aitor Andreu Guerrero
Maquetación: Alejandro Bermejo Cercas
Ilustraciones: Carlos García
Coordinación editorial: Isidoro Cidre González
info@apuleyoediciones.com
www.apuleyoediciones.com
ISBN: 978-84-10068-89-6
Depósito legal: H 583-2023

Hecho e impreso en España.

Las siete lunas crecientes

APULEYO EDICIONES   FOMENTO DE VALORES   CUENTOS ILUSTRADOS

Claudia de Moura Novaes

APULEYO EDICIONES   FOMENTO DE VALORES   CUENTOS ILUSTRADOS